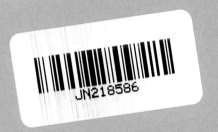

歌集

エゾノギシギシ

時田 則雄

目

次

題字　時田則雄
装幀　藤井事務所

歌集　エゾノギシギシ

エゾノギシギシ Ⅰ

エゾノギシギシ　おまへは同志　さあ今日も野に出て緑の汗流すのだ

エゾノギシギシ＝タデ科。大学で世界の五大雑草と教はつた。
私は親しみを込めて「こん畜生」と呼んでゐる。

トラクター今朝も快調別府橋渡りて薯の花に染まらむ

アザミウマ　ツメクサタコゾウ　ヘコキムシ　みんな仲間だ　空が眩しい

天界の母も見てゐむ夕風にきらめく麦の黄金の波

けぶりつつ落下する水　さうなのだ　夢の象《かたち》はいつも曖昧

青き山の真上の雲の仁王立ち仰ぎつつ明日を歩きてをりぬ

雨降ればあの野の道のトネッコの緑の糞が浮かび来るなり

トネッコ＝一歳馬

昏睡の母の睫も濡れてゐた春の窓辺の日溜りの中

無縁墓碑誰が供へしくれなゐの花の無言の哀しかりけり

＊

農場を背負ひて妻と生きて来し土の匂ひに励まされつつ

筋骨よ、　今日も輝け　人参は土中でひたすら赤くなりゆく

除草剤に爛れしエゾノギシギシの影に力のまだ残りをり

バックギアの壊れたままのトラクター　さうだよ、　俺も後退はせぬ

ポーポーと呼べば駆け来し青の目の浮かび来るなり空見てあれば

その橋の名は別府橋けふもまた翁が青き風を運び来

玉葱の草をむしれる妻の背の蜻蛉の翅のかすかなふるへ

俯いて咲いてゐる花　赤い花　もつと面を見せておくれよ

日溜りに座りて南瓜を磨きゐし母の背中の懐かしきかな

シナノキの花がささやく　葉が光る　ムックリを弾いてゐるのは誰だ

ムックリ＝アイヌの口琴

青い空単独移民の末であることを誇りに生きてゆくべし

エゾノギシギシ Ⅱ

葦原にサロルン・カムイ降りて来て鋭き一声を上げて静止す

サロルン・カムイ＝丹頂鶴

人界に、さうだよ、降りて来るからだ　鳥は目の玉まで真つ黒だ

錆び付いた細いパイプの先端の鳥と仰ぐみづいろの空

七語調このぬめぬめのどろどろに溺るるものか　なあ、トラクター

巨樹に食らひ付きし鉞の一徹を継ぎてひたすら歩みて来たり

超多忙なる秋である　雨である　腕が嘆いてゐる朝である

「忙しい、忙しいぞ」と言ひながら父は煙草をふかしてゐたぞ

泥水を拭ふワイパー　ダンプカー　そうれ行け、冬はそこに来てゐる

眼球に朝の光を受けながら今日もトラクターと一体となる

寝てゐても耳の奥にて轟いてゐるぞプラウを引くトラクター

やはらかき朝の光に膨らめるゆふべ鋤きたる土の裏側

＊

快音を朝のしじまに響かせて堆肥散布機畑をめぐる

目の玉が痛くなるほどくれなゐに染つてゐるぞナナカマドの実

昨日まで「糞忙しい」と言つてゐたお前、突然「百姓やめた」

あの日お前、太い犬歯を見せながら小麦を運んでゐたではないか

太陽が昇り来たれば霜柱影ひきしまま溶けはじめたり

秋深し褐色の実を揺らしつつエゾノギシギシ影伸ばしをり

今日の影は薄いぞ、影よ、ついて来い　長芋ひたすら掘るのだ　俺と

ポロシリは雲に呑まれて見えねども心の中で聳えてをりぬ

ポロシリ＝大きい山

エゾノギシギシ Ⅲ

水の裏より覗き見し大楡のみどりの炎いまもゆらめく

水楢が教へてくれぬコタンコロ・カムイの目玉の黄なるその訳

コタンコロ・カムイ＝シマフクロウ＝村を支配する神

鉞は記憶してゐる墓穴の底で眠つてゐる祖父の夢

この坂を下りて左へ行きたれば李の花のあふれてぞゐむ

それは月の明るい夜でありました　馬の目玉が濡れてゐました

結氷の川のひとすぢ終の地をここぞと決めて冬に真向かふ

氷点下二十度　今日も鉞を食らはす柏の根を砕かむと

ぱつくりと朝の光に石割れてみどりの種子がこぼれて来たり

電卓を叩きつつ営農計画を立てをり雪の降りゐる窓辺

＊

夥しき数字の海をわたりつつ稔りの秋を夢見てをりぬ

凍て原にか黒き種子をふりこぼすエゾノギシギシ影伸ばしつつ

くたびれたゴム長靴ではあるけれど新雪踏めば力湧き来る

夕闇に呑まれてもまだ突つ張つてゐるぞ大楡枝ひろげつつ

＊

沖縄を旅した…

斎場御嶽《せーふぁうたき》　巨大の岩の裂け目よりみし海の青いまも浮かび来

…人間なんてちつぽけ

きらめける霧氷の彼方の青き空声なくわたるサロルン・カムイ

富良野に髭むじやらの牛飼ひがゐて…

くれなゐのカーぶつとばし会ひに行く　ブラックアイスバーン　百キロ

エゾノギシギシ Ⅳ

トゲウオの棘に刺されし人差指六十年余経てなほ疼く

凍て土に太き根張りたるままエゾノギシギシ襤褸のやうに揺れをり

灯ることを忘れてしまつた青い火屋《ほや》　だがあの睫忘れちやゐない

ら・くんぱるしーた　心もゆーらゆら　枝をひろげて樹もゆーらゆら

トラクター唸らせながら春を彫るペンキ屋は屋根で緑ひろげる

長靴に踏み潰された霜柱　だから言つたろ突つ張るなつて

真四角の鏡の中に朝が来て顔を洗つてゐる奴がゐて…

ポロシリのてつぺんはまだ冬だよとカムイがひらく白いてのひら

なあ、エゾノギシギシおまへは雑草の王者だ　とことん付き合つてやる

大の字になりて眠れる子は拓馬おまへは俺のはじめての孫

三月十二日に生まれた。その時の体重3548グラム

石たちも春を感じてゐるらしい淡い光に浮かんでゐるぞ

＊

かげろふの漂ふ中に立つてゐる芽吹きはじめた樹木のやうに

祖父《おほちち》の声が聞こえる　辛くてもぶれちやならない　さあ、行くのだよ

春の朝もつれし枝のその下で空を眺めてゐる妻である

ほがらかな朝の光に包まれてふきのたうも俺も呼吸してゐる

春の風に枝を絡めてゆれてゐる　ドロノキ　シナノキ　今日も仲良く

目の前の黒のもやもや押し退けて行くのだ　同志よ、黄のブルドーザー

願はくは石になりたし緑色の夢のつづきを抱きたるまま

エゾノギシギシ Ｖ

闇を裂く柱　火柱　燃えろ　燃える　とことん燃えて白骨となる

朝である　くたびれた骨組み立てて働く今日も堆肥振り撒く

炎天下頬つ被りがよく似合ふ男がゐるぞ　おいおい、俺か

ざらざらの指だ　ごはごはのてのひらだ　年ねん木賊のやうになりゆく

野葡萄の赤き葉脈伝ひゆくてんたう虫のゆく先は　空

空の中にぽつかりと穴が開いてゐて耳を澄ませば御袋のこゑ

残照のなかの蚊柱ゆらぎつつわいわいがやがや鬱陶しいぞ

牛糞の臭ひをまとひ待つてゐた奴は眉間を光らせながら

*

生国はオペリペリケプ大いなる空に抱かれて薯育て来し

オペリペリケプ＝帯広

山は裏を今日も見せない　俺は俺の背を一度も見たことがない

雨のささやく午後なりカムイは顎鬚を撫でつつ脚を伸ばしゐるらむ

石に耳を当つれば聞こゆ暗緑の森を流れてゐし川の音

よれよれのゴム長靴を覗きゐる猫の黄色の目玉がふたつ

除草剤浴びたるエゾノギシギシのその態いまの俺と似てゐむ

北海道地図の東部はみどり色　トラクターの音　ほら、聞こえ来る

心土破砕機引くトラクターを操つてゐるぞ　顔面歪めて今日も

＊

朝靄の中でぼーつと立つてゐた父だよ　アスパラガスに似てゐた

十勝野は俺の墓場だ　この夏も紅蓮の花をあふらせるのだ

先づは足の裏から洗ふ　その次は手である　顔はどうでもいいや

農薬の稀釈倍数間違へて慌てしところで目が覚めにけり

エゾノギシギシ VI

新しい光が今朝も地にあふれ影がゆつくりと動きはじめる

スズランの花は純白なるけれど真つ赤な嘘の実をつけてゐる

石の下から現はれし赤き蟻たちが消えゆく石の下へつぎつぎ

紋白蝶舞ひ降りて来て静止する黒のまだらの石の表に

野葡萄の薄くれなゐの蔓を這ふ虫あり体《たい》を伸縮させて

この秋もエゾノギシギシ褐色の葉を吊し立つ霜白き庭

バックミラーに抉り取られし青空にぽつかり浮かんでゐる白い雲

銀色の雨の降る午後屈まりて白い影たちが地の底にゐる

南瓜ひとつ抱へて妻が歩み来る霜に濡れたる石を踏みつつ

燃え盛る火にてのひらを炙りつつ明日の仕事を片付けてゐる

闇の襞から聞こえ来るなり水の音　今日もいちにちよく働きし

＊

朴の木は梢に光をあつめつつ揺れてゐるなり囁くやうに

朝の川は光の帯だ　くねりつつ行くのだ　祖父につながる空へ

黄ばみたる葉をひるがへすシナノキと並び立つひと妻といふひと

朝露に光れる草を食む牛の白黒まだらの巨いなる腹

朝の日が四角い窓からあらはれて 「金子光晴全集」 包む

おもひきり背筋伸ばして大の字になりをりしあはせとはこんなもの

雪の来る前にやらねばならぬこと　まづ鶴嘴の先を磨かむ

三連プラウ引きつつ唸るトラクター　行くのだ　春の空に向かひて

エゾノギシギシ　Ⅶ

太陽の時間に合はせて生きてゐる　さうだよ、俺はエゾノギシギシ

てのひらを二枚並べて眠りゐし丸太のやうな父であつたよ

万年一歩たりとも動かざる石の心にふれてみたき朝なり

しばれたる土を踏みつつ歩みゆく長芋畑まで百歩ほど

扁平のだいだい色の石塊が雪を背負ひて眠りゐるなり

樹は闇に呑まれつつなほ主張する末《うれ》に満天の星を咲かせて

雪の上に褐色の茎突き出してエゾノギシギシ空対《む》きて立つ

朝靄の立てる真冬の川の面に浮きて白鳥鋭き声を上ぐ

釘ぬきに抜かるる釘の鈍き音に浮かび来父の太き親指

経営を息に委譲して早や三月（みつき）てのひらはまだ現役である

拓馬ほら、よおく眺めよ、　大空を　祖父はおまへに過去は語らぬ

＊

石のやうに樹木のやうに厳冬はなにも言はずに過ごすものなり

ポロシリのカムイも雪に包まれて寝てゐむ太陽の輝ける午後

たまにや油断するのもよかろ長椅子に手足伸ばして陽を浴びてゐる

カムイには影の無いとふわれは死ぬその日まで影を引きつつ行かむ

地吹雪にエゾノギシギシ揺れてゐる凍土に太き根をめぐらせて

杳き日の津軽海峡　降る雪の波のうねりに吸はれてゐたり

同類は同類を呼ぶ　握りたるエゾノギシギシ　種子の温とし

大空を担ぎてぞ立つ楡の木になるその日まで働くのだよ

エゾノギシギシ Ⅷ

つやめける赤き葉脈浮かべつつエゾノギシギシ冬を越したり

かつて五右衛門風呂のなかにて眺めたる赤い満月眼裏に顕つ

耳の奥で波がささやくさういへば少年はあの日海をみてゐた

またひとつ齢かさねてふりかへる　けむりのやうな月日であつた

ほの白い堆肥の湯気ののぼるなかこのままぼーつと佇つてゐたいよ

春雨に濡れつつ走るトラクター溜息なんぞついちやいけない

石は石になつたときから退屈でたまにや透明になるときもある

ゆつくりと時は流るる空の色薄紅色になるを見てをり

厳冬を越え来しゆゑか白鳥の声大空によくひびくなり

農場の北の外れのいつぽんの樹に咲く花は真紅なるべし

ゆふべ風呂のなかにて思ひつきしこと遂げてコップの酒飲んでゐる

＊

さうなのだ　雑草エゾノギシギシは粘つこい七五調は嫌ひだ

麦は日毎ひごとみどりを深めゐる　ひごと力瘤盛り上りゐる

雨の音聞きつつ床に転がってゐるぞ無用の手足伸ばして

陽炎の漂ふ見れば浮かび来る鍬を担いでゐた父の背

てのひらで風がささやくあなうらで水がささやく雲が流るる

艶のない長靴みたいに寝てをりぬ五町歩に石灰散布し終へて

燠はまだ胸のあたりで燻りてゐるなり一日よく動きたり

樹が闇に呑まるるまでを見届けて大き溜息つきてゐるなり

ひとひらの雲

月光を浴びつつ一夜過ごしたるトラクター露を弾きて始動

馬鈴薯の花の薄紅ふるはせてスプレーヤーが虹ゑがきをり

除草剤浴びて爛れしギシギシを照らす深夜の青き満月

乳熟期迎へし麦の穂の先の銀の雫の風にきらめく

深夜ジャズ聴きつつハンドル握りゐる玉葱畑の土砕かむと

ふるふると宙をまさぐる野葡萄の蔓の先端こそ哀しけれ

ゆふやみに咲いてゐるのは赤い花　弟よ、まだ眠れないのか

弟の名は釈樹心　兄は野に立ちてぞ仰ぐひとひらの雲

カラマツの巨根抜かむとバックホー　唸る　踏ん張る　炎天の下

草を毟る妻の背中が語りゐる　家族の歳月　野良の日月

未知の星のやうなる眼潤ませて拓馬が苺食みてゐるなり

百姓とは空と大地のあはひにて汗を噴く人　さうだらう　父

墨色の廃油の染みし生命線洗へば明日が近づいて来る

月見草

天中に月あり樹冠に鳥のこゑ朝がゆつくりと解れはじめぬ

収穫期間近となりし麦の穂の露を宿して傾きてをり

天道虫淡き光を背負ひつつ葉脈の上に止まりゐるなり

緑色の扉の詩集どのページをひらゐても樹がささやいてゐる

あたらしき物語がまた生まるるや早朝石の上にて蝶死す

書庫の闇を漂ひてゐる魂の主のこゑに安らぎてをり

くれなゐに苺色づくその訳をいつの日か拓馬に伝へてやらむ

カムイに問ふ、森のコタンの日にちの心の色はみどりなるらむ

窓に抉り取られし四角い風景のなかを過れる紋白てふてふ

トラクター四十五馬力くたびれてゐるけれどまだ現役である

石原に咲けるハエトリオミナエシふるるんふるるん風に震へる

＊

露に濡れて草食む馬のたてがみに少年の日の浮かび来るなり

液状のコンクリートを滑る鏝の動きにこころ均されてをり

鉄骨を組める男の手捌きを見てをり日焼けし太き腕組み

炎天下妻が屈まりてのひらの麦粒数ふ呟くやうに

夕焼けの色は切ない　煙草・ジャズ・焼酎　このまま石になりたい

空を摑むかたちに伸びるイヌタデの花はもも色灯れるごとし

鎌をあつれば褐色の実をふりこぼすエゾノギシギシ　また秋が来る

月見草原いちめんに咲いてゐて逝きしうからのこゑの聞こえ来

こほろぎ

玉葱がつーんと伸びてゐる真上消えそこねたる朝の月浮く

先づは空を振り仰ぐべし一日を玉葱畑の草ぬきしゆゑ

雨に濡れて俯いてゐるあぢさゐに足がそーつと近づいてゆく

エゾノギシギシ褐色の実を結びつつゆれをり朝の風に吹かれて

軒端にかかりし蜘蛛の巣の彼方光りつつジェット機が遠ざかる

腕を組み両脚伸ばし湯に浸かる幸せとはつまりかくなるかたち

ゆふやみにひたすら鳴けるこほろぎの声に魂磨かれてをり

漬物石を洗へる母の肩の端にてふてふが翅をひらきてをりし

傘を打つ激しき雨の音を背に浴びつつ落葉ふみしめてゆく

新馬鈴薯《しんじゃが》をてのひらにのせて眺めゐる妻の背中のきのふと違ふ

キャタピラー

イタヤカエデゆーらりゆーらり揺れてゐる午後だよ俺もゆーらりゆーらり

空深し白骨となるその日まで耕しては播き草を毟らむ

空にだけは嘘はつけない　限りなく広くて深くて透明だから

凩に似合ふことばの浮かび来ぬ　風骨　反骨　狂骨　武骨

茜雲眺めてあれば機関車がけむり噴き噴き近づいて来る

＊

畝一本二百七十二メートル行つたり来たりして日が暮れた

トラクターのバックミラーに映りゐる青い空白い雲みどりの樹

小麦収穫跡地二十二ヘクタール鋤き終へて土の匂ひ纏ひぬ

反転土握れば水の匂ひする杳いあの日の水の匂ひだ

アカシアの刺の先端ほんのりと灯れるごとし夕陽浴びつつ

＊

父の大きな胡坐の中で聞いたあの満州の空いまもみづいろ

みづいろの空の中より訪ね来し鳥は透きたる声に鳴きつつ

足の裏も働き者であることを思ひ出しをり湯に浸りつつ

ゆふぞらの茜の色の帯状のふたすぢみすぢ青に融けゆく

辛夷の実の橙色の二つ三つ霜をまとひて光りゐるなり

長靴は足の抜け殻ほのぐらい闇を宿して突つ立つてゐる

雪の上に影ひきて立つ裸木に耳を当つれば祖父《おほちち》のこゑ

首のべて尾をのべて猫が眠りゐる朝のひかりの射す窓の辺に

てのひらのぶ厚い男と飲みながら千年前の話してゐる

闇の中で光る目ん玉俺といふ男を探つてゐる夜である

木木たちは日暮れてもなほ立つてゐる真つ黒い枝をつーんと張つて

ゆふぞらに桜ふあーつと咲いてゐる夢を見たけふも空はみづいろ

凍日に反転されし重粘土淡きひかりを溜めて静もる

凍れつつ皺をふかめてゐる土の表情苦痛の顔に似てをり

シベリアの空翔けて来し白鳥の百余羽あかねの水の面に鳴く

氷点下十三度なるこのあした木賊は雪に青き影ひく

いちまいの紺瑠璃の空を二分する飛行機雲の白のひとすぢ

イタリアンポプラ　星屑　ジャズ　ウォツカ　ゆつくりと今日が溶けてゐるなり

せいねんのころに描きし野の夢の五十年経てなほみどり色

キャタピラーに踏まれし雪の凹凸の凍れて鋭き光を反す

風よ、伝へよ

酌む酒の五臓六腑に染みわたり野良の疲れの手より抜けゆく

足の裏とてのひらだけが知つてゐるこの物語風よ、伝へよ

玄関に橙色の南瓜二個並べて妻は冬を迎へる

野の道をつなげる青き別府橋万遍渡つて尽きるか命

蹠を薪ストーブに炙りつつ見てをり窓に砕くる氷雨

凩の野に働きし筋骨を沈めてをりぬ深夜湯船に

薄青き雪の断層覗きゐし少年の夢いまも続ける

気を抜けば真つ逆さまに墜つるべし羽撃き続けて終るか一生

空に触れてゐたいのか楡けふもまたすーつと細い枝伸ばしゐる

てのひらは土のごとくに膨みてゐるなり春はまだ先なれど

昨日より優しい顔をしてゐるか四角い鏡の中のこの顔

＊

裸馬青い鬣なびかせて駆けゆく光の中をひたすら

ここはすなはち命あづけしところゆゑ微塵の骨となりても去らぬ

長いながい冬去りたれば野に出でてわれはみどりの炎とならむ

若草を食む馬の顔浮かび来ぬ雲のひとひら仰ぎてあれば

凍土に根をひろげてエゾノギシギシは待ちゐむ陽炎の立つ春の日を

ポロシリの嶺なる小さき湖に青き鱗の魚棲むとふ

なめらかな猫の背中を撫でながら唄ふイフンケ　ハタハタハーン

イフンケ＝子守歌

ゆきの日は雪のささやきに包まれてキムンカムイは眠りてぞゐむ

キムンカムイ＝羆

陽は雲を茜に染めて沈みゆく二度とは会へぬ別れのやうに

細き肩すぼめて祖母が唱へゐし南無阿弥陀仏聞こえ来るなり

朝な朝な単独移民の裔なれば空にひとすぢ煙を上ぐる

剥《へが》されて風にきらめく玉葱の薄皮母の影に似てゐて

霧のなかへ鉄路は続く日の丸の旗に送られて父は征きしか

猩紅の空のなかよりゆつくりと軍靴の音が近づいて来る

＊

杳き日のあの楡の上の白き雲気泡のやうに膨れては消ゆ

爛れたる浮世の襞を包むがに雪がふる暗き空の底より

＊

鼻の先に眼鏡をかけて覗きゐる妻は朝刊の三面記事を

南国は土佐のイゴッソウの年賀状土の匂ひの心を揺する

新雪を踏み締めながら歩みをり朝の参道影従へて

錆を落とすやうに亀の子束子もて冬は不要の腕擦りをり

耳と顎まで湯に浸かり眼瞑れば今日が静かに遠退いてゆく

枝と枝からませながら揺れてゐる　ドロノキ　シナノキ　同志であるか

身の芯に直ぐ立つ一樹老いたれど春はくれなゐの花咲かすべし

老農の大き拳に潜みゐむ夢の芽を吹く一粒の種子

山の端に沈みゆく陽を見届けてけふの力を土に還しぬ

紺瑠璃の空を翔け来る一羽ありたつたひとりの弟ならむ

貫かむと決めし心の幾春秋越えてぐらりと傾きてゐる

石はけふも何も言はない語らない　その沈黙がたまらないのだ

太陽と共に暮らして来しからに手の皮面の皮は赤銅

満天の星を仰ぎて溜息をつきゐしならむ縄文びとも

ジェット機

地吹雪の日なれば猫はストーブに身を寄せて耳をつーんと立てて

雪の日はエディット・ピアフの歌が合ふ　こんこんこんこん窓まで積もれ

リング名はリトル・ブラック・ダイナマイト筋骨爆発させてゐたつけ

反骨の祖父の血を継ぎゐるからに駆けて行くべし凩の野へ

蒼穹を裂きてジェット機ひとすぢの雲を引きつつ北へひたすら

心にはまだ糞力宿りゐる頭は白くなりて来たれど

褐色の実を散らしつつ靡きゐるエゾノギシギシ地吹雪の中

反体制作家歳を経て右傾して饐えし臭ひを漂はすなり

反骨の詩人光晴全集を枕に過ごす冬の日日

ではあるが　とはかぎらない　ニッポンは巨大な影に呑み込まれ行く

イタリアンポプラの上の赤い雲陽が沈むとき時間は止まる

＊

雪の下に伏してぞ麦は待ちてゐむやはらかき陽の降りそそぐ日を

スパナーに錆びしナットを緩めをり宿敵を捩じ伏せるごとくに

ライターの火をてのひらで囲むこの姿あの日の父に似てゐむ

空を裂けばほろりと墜ちて来るならむ命を懸けし夢の片片

凍天を一羽翔けゆく金色の光の粒をふりこぼしつつ

重粘土練りて固めし扁平の形してゐむいまのこの俺

百姓

白い猫と「至上の愛」を聴いてゐる花びらのやうな雪の降る午後

「至上の愛」＝ジョン・コルトレーンの代表作

ゆれながら春が来るのを待つてゐた丘のなだりいつぽんの椴

長芋が長くて太くなる訳を語りゐるなり酒食らひつつ

長い旅を終へたるやうな気がするぞ、　十八時間畑鋤きたれば

十本の指の先からぬけてゆく野良の疲れの水のごとくに

百姓の道具は足の裏側とてのひら二枚　それで十分

かぜに吹かれ雨に打たれて生きて来た　いますぐにでも土に還れる

オオジシギ真つ逆さまの急降下くりかへす深き空の底より

によつきりとヘビノタイマツ伸びてきて花咲かせをり木洩れ日のなか

夕虹の彼方へ翔けて行く鳥のそのひたすらの眼に痛し

野良仕事終へて卯の花のかたはらに憩ふみどりの目玉の猫と

石の上に影を落として静止する魚の青き背うかび来るなり

トムラウシ山

トラクター唸らせて風のなかを行く土の同志の眼鋭し

岩松のダム湖のみどりの水の底開拓の悲話眠りゐるべし

念佛峠を越えたる村の人びとの暮らし偲べり湖望みつつ

広らかなトムラウシ山の頂はカムイミンタラ青空のなか

カムイミンタラ＝神神の遊ぶ庭

水芭蕉かがよふ真昼トムラウシ山のカムイの声のどかなり

真白なる雲の上にて神神は浮かれゐるらむトムラウシ山

桜こぶし山のなだりに灯るごと花を咲かせてゐるなりゆふべ

サブソイラー

玉葱の切断面に浮かび来る今日の汚点の二つ三つ四つ

丹念に爪切り終へて眺めをり茜の雲の浮かびゐる空

月光にサブソイラーの鋭き爪の光れり明日も凍土を裂かむ

ブルドーザー操る男の眼球を照らしつつ陽が昇りて来たり

喜びも悲しみも土に鋤き込みて終はる一世か悔いひとつなし

火を囲み酒を食らいし杳き日の友のあの顔浮かび来るなり

皺みたるまま凍てつきし土の面を朝の光の包みゐるなり

顔面に飛雪浴びつつ長芋を抜きをり妻と並びひたすら

バックホーにて抉り取られし赤土の宙にこぼるる泪のやうに

朝霧にかすめる楡の反りし枝大地の春を呼びてゐるなり

凩の野より戻りて焼酎を飲みをり真つ赤な火を眺めつつ

朝刊をひらけば寒気指先を包めり冬はそばに来てゐる

編隊を組みつつ鳴きつつ白鳥がわたりゆく青き空を背にして

新しい顔してゐるか雪の野を染めて太陽昇つて来たぞ

反転土

ふり向けば何もなかつたやうな気がするなり青き空仰ぎつつ

朝の夢青き鱗を光らせて泳ぎてゐたり尺余なる魚

寄せては返す波の時間に浸りつつ飲んでゐるのだ酒の透明

くれなゐのダリアの花のかたはらでけむりのやうに佇つてゐた父

眼光は穏やかならず口元は歪みゐる七十歳のこの面

つゆくさの花のむらさき極まりて浮かび来るなり母の帯留

夕風にママコノシリヌグイの花咲きをり刺を光らせながら

黄ばみたる『獣医宝典』青春は空の彼方で霞みゐるなり

ぼつてりと咲く紫陽花のかたはらで父は錆釘抜いてゐたつけ

百姓で終はる一世か炎天下エゾノギシギシ葉脈太し

祖父《おほちち》が拓きし土地に種子を播き花を咲かせて五十年経つ

よく笑ふ男と酒を酌み交はす真つ赤な花の咲いてゐる午後

向日葵の花をめぐりて乱舞するてふてふ光の欠片のやうに

反転土朝の光を浴びながらふくらむ命宿してゐるか

ヘリコプター曇天を行く地の底をゆさぶるやうな音響かせて

太陽を独り占めして咲いてゐるひまはりひまはり明るすぎるぜ

ひたすら怒涛逆巻く海へ流れ込む川を相手に飲んでゐるのだ

＊

てのひらに頬乗せて妻が眠りをりコスモスの花の揺れゐるゆふべ

トラクター二十時間余唸らせて石になりたる男もゐるぞ

樺の幹をてらしつつ今日も太陽がじわりじわりと登りて来たり

漆黒の闇のなかにて鳴いてゐるこほろぎ一世鳴いて終はるか

石もわれものつぺらぼうの影ひきてゐるなり淡き日溜りのなか

＊

てのひらの古い傷跡ひきつつたまま凩に輝いてゐる

ニッポンの食の現今憂ひつつ野坂昭如死せり　厳冬

凩に揉まるる科の黄なる葉のきりきりまひを妻と見てをり

磨り減つたゴム長靴に止まりゐる蜻蛉は翅を光らせながら

凩に光る木賊の眼に痛し棘あることば吐きたる真昼

＊

薄紅の檀（まゆみ）の果実ふるふると揺れをり氷雨にきらめきながら

雷鳴を聞きつつ酒を飲んでゐる首を左に少し傾げて

白骨となりてもこの地を離れないエゾノギシギシ種子ふりこぼせ

あとがき

本集は『みどりの卵』に続く第十二歌集である。

この四年ほどの間に発表（巻末に初出紙誌一覧）した作品の中から、三百四十三首を選んで収めた。今回も編集をしながら、相変わらず農作業の歌が多いと感じたが、私は各種の農業機械を駆使し、家族と共に五十年以上も百姓をしているのだから、それは当然のことのように思う。なお、前半の「エゾノギシギシ」は「現代短歌」に八回にわたって連載したものである。

歌集名『エゾノギシギシ』について記す。『北海道大百科事典』（北海道新聞社刊）によると、本種はタデ科の多年草。ヨーロッパおよびアジア大陸が原産で、日本でも全国的に分布。最初に帰化したところが北海道なので、そうと呼ばれている。巻頭にも記したが私は大学の講義で「エゾノギシギシ」は世界の五大雑草と教わったのを覚えている。

奴はとにかくしぶとい雑草なので、私は「こん畜生」と呼んでいる。いまは強烈な除草剤があるので撲滅させることもできるが、それがなかつたころは退治するのにとても苦労した。と書くと「エゾノギシギシ」に敵意を抱いているかのように受け取られるかもしれないが、そうではない。私は大地にしぶとく生きんとするその生命力に一種の親近感のごときものを抱いているのだ。それ故に歌集名とした。

今回も「劇場」の三澤吏佐子編集人には原稿をパソコンで整理してもらった。お陰で作業がスムースに進んだ。よき同志がそばにいてくれて幸せである。装幀は藤井克彦氏が引き受けて下さるという。どのような表情の歌集になるのだろう。楽しみである。最後に、本歌集の出版を引き受けて下さり、編集の面でもいろいろとアドバイスをして下さった現代短歌社の真野 少氏に心より感謝を申し上げる次第である。

平成二十九年九月二十四日（私の七十一回目の誕生日）

ポロシリ庵にて　時田 則雄

初出紙誌一覧

「現代短歌」	2013年 9 月号（創刊号）
「現代短歌」	2013年12月号
「現代短歌」	2014年 3 月号
「現代短歌」	2014年 6 月号
「現代短歌」	2014年 9 月号
「現代短歌」	2015年12月号
「現代短歌」	2015年 3 月号
「現代短歌」	2015年 6 月号
「現代短歌」	2016年 7 月号
「現代短歌新聞」	2015年 8 月 5 日
「現代短歌新聞」	2015年10月 5 日
「うた新聞」	2015年12月10日
「うた新聞」	2017年 1 月10日
「読売新聞夕刊」	2016年 6 月10日
「短歌」	2016年 2 月号
「短歌」	2017年 1 月号
「短歌研究」	2015年 9 月号
「短歌研究」	2016年 5 月号
「短歌研究」	2017年 1 月号
「劇場」第 2 号	2016年 3 月 1 日
「劇場」第 3 号	2017年 2 月 1 日

時田則雄（ときたのりお）

1946年北海道生まれ。百姓。表現者集団「劇場」代表。
1980年第26回角川短歌賞を受賞して歌壇デビュー。
歌集『北方論』（雁書館・現代歌人協会賞）。
『凍土漂泊』（雁書館・北海道新聞短歌賞）。
『ポロシリ』（角川書店・読売文学賞・芸術選奨文部科学大臣賞）。
エッセイ集『北の家族』（家の光協会）。
『陽を翔けるトラクター』（角川文化振興財団）。
コラム集『樹のように石のように』（十勝毎日新聞社）。
短歌研究賞・北海道文化賞・文化庁地域文化功労者表彰ほか著作、受賞歴多数。

歌集　エゾノギシギシ（「劇場」叢書3）

発行日　二〇一七年十一月十五日
著　者　時田則雄
〒〇八九—一一八四
北海道帯広市別府町南一八—二九—二
発行者　真野　少
発　行　現代短歌社
〒一一三—〇〇三三
東京都文京区本郷一—三五—二六
電話　〇三—五八〇四—七一〇〇
発　売　三本木書院
〒六〇二—〇八六二
京都市上京区河原町通丸太町上る
出水町二八四
装　幀　藤井事務所
印　刷　日本ハイコム
製　本　新里製本所

ISBN978-4-86534-218-5 C0092 ¥2500E